ORPHELINAT

DE

SÉDIÈRES

INSTITUT NORMAL

D'OUVRIERS AGRICOLES

DU

DÉPARTEMENT DE LA CORRÈZE

TULLE

IMPRIMERIE CRAUFFON

1892

ORPHELINAT

DE

SÉDIÈRES

INSTITUT NORMAL
D'OUVRIERS AGRICOLES

DU

DÉPARTEMENT DE LA CORRÈZE

TULLE

IMPRIMERIE CRAUFFON

1892

AVANT-PROPOS

La question sociale est plus que jamais à l'ordre du jour et devient de plus en plus l'objet des plus sérieuses préoccupations.

C'est qu'en effet les revendications de la classe ouvrière des villes n'ont jamais été plus exigeantes, plus impérieuses, et par cela même la solution du vieux problème rendue plus difficile.

Aussi voyons-nous reparaître aujourd'hui dans nos assemblées parlementaires les mêmes utopies et les projets de loi les plus fantaisistes dont certains d'entre eux, s'ils étaient adoptés, constitueraient plutôt un véritable attentat contre la liberté individuelle qu'un remède salutaire aux maux qu'il s'agit de soulager. Quoiqu'il en soit, l'Etat tend chaque jour davantage à se substituer à l'initiative individuelle et à la charité privée. Le socialisme d'Etat ! Est-ce bien là que les deshérités de ce monde trouveront enfin la fortune ou seulement même un bien-être relatif ? C'est rien moins que probable.

Toujours est-il que, jusqu'à présent, c'est encore à cette initiative individuelle, à cette charité privée qu'ils doivent les quelques améliorations apportées à leur situation si cruelle et si digne d'intérêt.

Dieu merci, en France, la compassion et la générosité sont deux sources inépuisables, aussi est-ce vers celle-ci que continueront à se porter ceux qui ne se nourrissent pas de chimères et qui sincèrement philanthropes ne cherchent point dans l'étude des questions sociales un tremplin à leurs ambitions politiques.

De nos jours, une des principales causes de cette excessive misère qui désole nos grandes cités réside évidemment dans un accroissement constant et démesuré de leur population, excédent dû en majeure partie à l'émigration qui sévit de plus en plus dans nos campagnes. Nombreuses sont les causes de cette émigration et intéressante en serait sans doute une étude approfondie ; mais ce modeste opuscule ne saurait pouvoir prétendre à de tels développements, son cadre nécessairement très restreint lui permet tout au plus les quelques généralités suivantes se rattachant directement à son véritable objet :

Il est incontestable que le système du libre échange à outrance a porté les coups les plus funestes à l'agriculture française ; dans nos régions agricoles les plus fertiles comme dans les plus pauvres, l'écoulement avantageux de tous les produits s'est trouvé bientôt complètement arrêté. Obligé de vendre son blé 18 francs quand il lui en coûtait 24 et de même pour ses autres productions, le cultivateur n'a plus songé qu'à subvenir strictement à ses besoins personnels d'existence. Dès lors, réduite à son plus faible rendement, mais chargée des mêmes impôts et toujours exposée aux mêmes terribles aléas des saisons, sa terre devenait insuffisante à l'entretien d'une nombreuse famille ; c'était la misère profonde et à bref délai la ruine complète. Il fallait donc se débarasser à tout prix des bouches inutiles. La ville, avec ses apparences trompeuses de gain facile, de plaisirs, de luxe et de confort, s'offrait à lui ainsi que les Républiques plus ou moins Argentines avec leur mirage d'une fortune promptement réalisable.

Aussi voyons-nous tous les ans à des époques fixes une foule d'hommes jeunes et vigoureux abandonner les villages et encombrer les gares ; les uns vont s'entasser sur des navires, véritables charniers, qui les déposeront sur des rivages lointains où le plus grand nombre ne trouvera que la faim, les maladies et la mort ; les autres, moins aventuriers, vont à la ville former ce trop plein qui, e plus souvent, fournit à la chronique judiciaire son plus sérieux élément ; nos routes enfin sont journellement sillonnées par des enfants qui, la besace sur le dos, vont mendier de porte en porte le pain qui manque à la maison paternelle. Et voilà pourquoi il est aujourd'hui avéré que chaque année, en France, quatre-vingt-quinze mille individus meurent par le fait de la misère !

Justement émus et préoccupés d'un état de choses aussi grave, nos législateurs ont cru trouver un dérivatif puissant dans le développement de l'instruction. Toutes nos villes de province, nos plus humbles communes ont été amplement pourvues de palais scolaires ouvrant largement aux enfants du peuple la carrière de l'enseignement. Depuis lors, l'Université répand généreusement ses faveurs sous forme de brevets innombrables, si bien, que dès à présent on peut prévoir le moment où l'on comptera autant de professeurs que d'élèves ! Malheureusement, un brevet seul ne suffit pas à nourrir son propriétaire et sa famille, il faudrait au moins lui adjoindre la place qui donne droit aux émoluments. C'est ce à quoi l'on n'avait pas songé au plus fort d'un emballement méritoire sans doute, mais qui, hélas ! jusqu'à présent, n'a eu guère pour résultat que de vider les caisses de l'E-tat, ruiner un peu plus les communes et, ce qui est plus déplorable encore, augmenter considérablement le nombre déjà trop grand des déclassés.

Une plaie est d'autant plus incurable lorsqu'elle provient d'un vice originaire du sang ou des organes vitaux; c'est, hélas! le cas de notre pauvre humanité. Prétendre à faire disparaître toutes ses imperfections, à sa guérison complète en un mot, serait donc vouloir dépasser la limite des forces humaines; tout au contraire, chercher par des palliatifs à enrayer les progrès du mal et à en atténuer les effets désastreux rentre dans le domaine des choses possibles et par suite devient particulièrement ici le devoir des privilégiés de la fortune.

Recueillir les orphelins, les enfants trouvés ou moralement abandonnés ainsi que ceux des familles pauvres; les élever chrétiennement dans l'esprit du devoir et, tout en leur inculquant le goût et la science des travaux de la terre, leur donner l'instruction nécessaire au développement de leur intelligence, tel est dans ses grandes lignes le programme dont l'exécution sur une large échelle en France constituerait à lui seul déjà le plus réel et le plus efficace des remèdes.

Dans un assez grand nombre de départements, grâce à quelques généreuses initiatives secondées d'ailleurs par la charité privée, des Orphelinats agricoles ont été créés qui ont déjà rendu les plus grands services. Malheureusement ce n'est encore là qu'une action isolée, restreinte et par conséquent insuffisante.

En effet, nous ne possédons encore que quatre-vingt-onze orphelinats de garçons qui, ensemble, en élèvent au maximum huit mille ; or, la statistique établit qu'il y a au bas mot sur le territoire français cent mille garçons orphelins ou abandonnés !!

Trente-et-un départements n'ont encore aucun établissement de ce genre, la Corrèze est de ce nombre, et pourtant il est peut-être celui de tous où le besoin s'en fait le plus sentir.

A l'exception de la riche contrée de Brive que fécondent la Vézère et un climat exceptionnel, le département de la Corrèze est certainement un des plus pauvres de France. Longtemps dépourvu de moyens de communication suffisants : actuellement encore ne possédant qu'une seule voie ferrée dans sa plus grande longueur du Sud-Ouest au Nord-Est, les progrès de la culture moderne y sont, on peut le dire, totalement inconnus, et, dans toute sa région montagneuse, le paysan, avec une ténacité bien excusable en somme, en est encore aux vieux errements et à la routine du siècle dernier. Ainsi s'expliquent en partie les immenses étendues de terrain en friche qui pourraient être utilement reboisées ou même cultivées, alors que de chétifs troupeaux n'y trouvent qu'une nourriture insuffisante. Des terres, à peine effleurées par le plus primitif des araires, envahies par les plantes parasites, et produisant un misérable seigle ; des prairies épuisées, la plupart marécageuses auxquelles les amendements, les engrais et le drainage ne sont jamais venus en aide, tel est, à l'exception de quelques rares propriétés, l'aspect général et l'état très exact de la culture de ce pays, plus frappé qu'aucun autre par le terrible fléau de l'émigration.

Si dans la Corrèze l'esprit de charité règne autant que partout ailleurs, les moyens de cette charité y sont malheureusement beaucoup plus limités. En premier lieu, les ressources infimes dont dispose l'Assistance publique ne lui permettent de rendre que des services purement illusoires. Il ressort en effet, clairement, d'un rapport établi en 1891 par M. Fonné, alors inspecteur de ce service départemental, qu'un très petit nombre d'orphelins ou abandonnés reçoivent chaque année un secours qui consiste à les placer, moyennant une faible allocation, dans les familles de paysans, naturellement les plus pauvres, qui ne les acceptent uniquement que pour bénéficier de cette rétri-bution. Par suite, ces enfants, faute d'une sur-veillance impossible à exercer, ne reçoivent aucune instruction suivie et n'apprennent aucun métier.

En second lieu, la fortune privée, en général, ne dépasse guère la médiocrité ; d'ailleurs, jus-qu'à présent, bien peu d'occasions se sont offertes à elle de chercher dans une action commune la force de cohésion indispensable aux entreprises philanthropiques.

Ces causes d'impuissance ou d'inaction pour le bien général vont enfin disparaître, du moins en partie : dès aujourd'hui, le département de la Corrèze possède son orphelinat agricole dont la constitution et les détails d'organisation vont être exposés ci-après.

L'œuvre qui vient de se fonder ne saurait être l'œuvre d'un seul et encore moins celle d'une coterie ; tous les dévouements, toutes les générosités doivent lui apporter leur concours sans distinction d'opinions, de croyances religieuses ou de situation. La charité, en un mot, offre un vaste terrain sur lequel toutes les mains peuvent et doivent se joindre.

Dans de telles conditions et avec l'aide de Dieu, les difficultés inévitables de la première heure seront aisément vaincues, laissant désormais le champ libre à tout un avenir de succès et de prospérité.

VUE DU CHÂTEAU

I

LA TERRE DE SÉDIÈRES.

Dans le canton de Laroche-Canillac, non loin du village de
Clergoux et à 21 kilomètres de Tulle, en suivant la route qui
de cette ville conduit à Mauriac, le voyageur aperçoit sur sa
gauche, au milieu d'un massif de verdure dont il domine fière-
ment les hautes futaies, un donjon flanqué de tourelles ; c'est
le château de Sédières, curieux et rare spécimen du style Re-
naissance italienne.

A cette altitude de 550 mètres, aux ravins profonds, à pentes
rapides, à l'aspect sinueux et tourmenté, a déjà succédé une
série de collines d'accès facile et dont les ondulations gracieu-
ses se déroulant insensiblement jusqu'aux crêtes qui surplom-
bent les cours mouvementés de la Luzège et de la Dordogne,
constituent, en partie, la région des hauts plateaux du département de la Corrèze.

En 1861, lorsque le général de Chanal en fit l'acquisition, la
propriété de Sédières, d'une contenance de 350 hectares, pré-
sentait un aspect misérable et peu séduisant. A l'exception de
quelques hectares de chênes séculaires, de deux ou trois
étangs et d'une ou deux prairies naturelles relativement en
bon état et groupés autour du château en ruines, on ne voyait
que terres mal cultivées, pacages véritables marais et bruyères, le tout ensemble suffisant à peine à l'entretien d'une centaine de bêtes à laine et de quelques vaches étiques de race
absolument dégénérée, seuls les moutons de Sédières avaient
dans le canton une réputation plus ou moins méritée. Que dire
enfin des bâtiments d'exploitation ? si ce n'est que leur état

d'abandon et de délabrement n'avait rien à envier à celui du vieux castel. Tout était donc à faire ou à refaire.

Loin de nous la pensée d'attribuer cet état de choses à l'incurie des anciens propriétaires ; mais chez les Lhentillac et les Carbonnal de Sédières, comme chez tant d'autres familles, la main gauche avait toujours ignoré les bienfaits de la main droite ; aussi toute une existence de charité, de lutte et de privations devait pour eux fatalement aboutir au plus cruel des sacrifices : l'abandon définitif du patrimoine en des mains étrangères! Puisse ce faible hommage rendu à leur mémoire, adoucir les regrets de leurs descendants qui, dans tous les cas, nous ne pouvons en douter, éprouveront une vive satisfaction en apprenant la nouvelle destinée des biens qu'ils ont perdus.

Entre les mains d'un homme aussi bien doué que l'était M. de Chanal, une complète transformation devait nécessairement se produire. Peu à peu le château fut entièrement restauré, tout en lui laissant son style et son caractère ; les bâtiments de fermes reçurent les réparations et modifications d'aménagement indispensables ; vingt-six hectares de pacages ou marais furent convertis en bonnes prairies naturelles, venant ainsi s'ajouter à celles déjà existantes dont le système d'irrigation défectueux avait été entièrement et soigneusement refait à l'aide du niveau ; des terres mieux cultivées et amendées virent peu à peu disparaître les plantes parasites dont elles étaient infestées ; par suite le cheptel d'animaux fut bientôt presque doublé. Enfin 160 hectares de bruyères furent semés ou plantés en bois résineux d'espèces diverses.

En 1882, après une existence laborieuse et utilement remplie, le général de Chanal laissait en mourant une propriété d'environ cinq cents hectares dans un état d'entretien permettant désormais l'application d'un mode de culture plus en rapport avec les progrès de notre époque.

Privés des joies mais aussi à l'abri des soucis que donne une postérité, les héritiers de M. de Chanal eussent sans doute laissé les choses en l'état si, voulant se créer dans la vie un sérieux intérêt, ils n'avaient dès ce moment conçu le projet d'affecter un jour la terre de Sédières à la fondation d'un Orphelinat agricole.

L'exécution de ce projet entrainait avec elle non seulement toute une nouvelle installation spéciale et coûteuse, mais encore et surtout l'obligation de s'assurer préalablement que la nature du sol et du climat se prêtait à une notable augmentation et variété des produits ainsi qu'à l'introduction de certaines industries agricoles, toutes choses indispensables aux besoins de subsistance, de travail et d'activité d'une colonie.

Dix années ont été patiemment employées à cette étude et à cette préparation.

Le métayage a été peu à peu supprimé complètement ; les domaines ont été réunis, à l'exception d'un seul qui est encore entre les mains d'un fermier : divers essais de cultures nouvelles furent faits dans des terres froides et acides qui jusqu'alors, soumises uniquement au système de jachères, n'avaient jamais produit que du seigle et du sarrazin, et, enfin, sur un emplacement des plus favorables à peu près au centre de la propriété, vinrent successivement se grouper tous les bâtiments nécessaires à une grande exploitation.

La surface plane de cet emplacement forme un rectangle d'environ cinq mille mètres superficiels dont la partie médiane est occupée par un petit étang de 30 ares. Les bâtiments du corps de ferme proprement dit sont disposés sur trois côtés de ce rectangle, le quatrième côté formant la chaussée de l'étang ; sur le prolongement de ce côté, vers l'ouest, a été conservée une ancienne construction servant d'habitation au personnel de la ferme et à la basse-cour.

Une première étable de 27 mètres de longueur sur 11 mètres de largeur fut construite en 1883 et contient vingt-huit bêtes à cornes placées tête-à-tête sur deux rangs séparés par un couloir à pâture de 1 mètre 70 de large ; sur ce couloir des mangeoires spacieuses en briques cimentées et divisées en autant de compartiments qu'il y a d'animaux. Un système de

râteliers à forts barreaux de chêne laisse le passage strictement nécessaire à la tête de l'animal qui ne peut ainsi empié-
ter sur la nourriture de son voisin. Le pavage des stalles est
en pierre à 0,20 centimètres en contrebas d'un trottoir qui règne
tout autour pour le service et l'enlèvement des fumiers, cinq
grandes portes cintrées donnent accès dans l'étable et dix
fenêtres, également cintrées à châssis de fer mobiles, permettent de graduer l'aération suivant les besoins. Tous les bois
de la travée, des plafonds et des râteliers sont enduits au goudron de résine. Au-dessus de l'écurie s'étend un vaste grenier
à fourrages clos sur toutes ses faces par un système de jalou-
sies permettant la circulation de l'air. Les voitures pénétrent
toutes chargées dans cette grange par deux grandes portes
situées à l'arrière du bâtiment, lequel de ce côté forme rez-de-
chaussée. Enfin, la toiture à formes Delorme, en fort bois de
chêne, est couverte en tuiles de zinc galvanisé, système Duprat,
est d'une solidité telle que depuis dix ans elle n'a encore eu à
subir la moindre réparation : sa légèreté est extrême.

En 1885, un hangar fermé, de 20 mètres de long sur 6 mètres
de large, fut construit sur le prolongement nord de l'écurie ;
il est muni à l'intérieur d'une chaudière pour la cuisson des
aliments, de quatre cuves à fermentation, d'un laveur, d'un
coupe-racines et d'un hache-paille ; l'eau y est amenée par
des tuyaux de plomb adaptés à un réservoir extérieur surélevé
et alimenté par une pompe.

Ainsi aménagé, ce hangar constitue un excellent laboratoire
pour l'engraissement des animaux de boucherie.

En 1886, l'amélioration et l'augmentation des fourrages permettant d'élever et d'entretenir un plus grand nombre d'animaux, une seconde écurie fut construite de l'autre côté du petit
étang et parallèlement à celle qui vient d'être décrite. Du
même modèle, mais ayant 32 mètres de longueur sur 12 mètres
de largeur, cette étable, spécialement affectée à la reproduction
et à l'élevage, contient 32 larges stalles et quatre box pouvant
contenir chacun huit veaux ; un plus grand soin encore, s'il

est possible, a été apporté dans tous les détails d'aménagement et d'exécution : quatre grandes portes à deux battants y donnent accès, quatorze fenêtres à châssis mobiles en fer et quatre cheminées d'appel partant d'un plafond en briques placent les animaux et les fourrages dans d'excellentes conditions de salubrité et de conservation. Tous les bois de charpente et de travée sont en chêne de forte épaisseur et sont enduits au goudron de résine. Les animaux y sont également placés sur deux rangs tête-à-tête et séparés par un large couloir. A l'arrière du bâtiment qui forme rez-de-chaussée une porte de 4 mètres de largeur et de 3^m 80 de hauteur permet aux plus grandes voitures de fourrage de pénétrer dans la vaste grange qui occupe le dessus de l'écurie dans toute son étendue.

Enfin, en 1887, une porcherie, une grange batteuse et son manège et une forge, reliées entre elles par deux hangars à voitures, formant ainsi un seul bâtiment de 50 mètres de longueur, vinrent compléter, sur le côté nord du rectangle, ce bel établissement qui renferme actuellement 8 bœufs de grande taille, 6 taureaux, 46 vaches et leurs produits, chariots, tombereaux, une charrue défonceuse, une Brabant bi-socs, une arrache pommes de terre, 8 arraires, 5 charrues bordelaises en fer, 2 tonneaux à purin, une faucheuse Wood, 3 herses et émousseuses, une pompe à incendie Pilter, etc., etc. Il y a lieu, enfin, d'ajouter à cette nomenclature les 15 bêtes à cornes, les 100 bêtes à laine et le matériel de la ferme d'Artiges ainsi que le moulin à farine du Prévost.

En même temps que s'élevaient les divers bâtiments de l'exploitation, des essais de cultures nouvelles se faisaient chaque année et démontraient qu'avec l'aide de la chaux, des phosphates, des scories du Creuzot, du sulfate de fer et du sang desséché, l'on devait obtenir des résultats merveilleux. C'est ainsi que plusieurs hectares de prairies temporaires furent créées qui donnèrent une telle quantité d'excellent fourrage qu'on n'a pu encore se résigner à les remettre en culture, bien qu'elles aient aujourd'hui sept et huit ans d'existence. Le trèfle, auquel on ne croyait pas, réussit admirablement et donne annuellement trois coupes, même sans le secours du plâtre. Grâce à l'épandage de 35 hectolitres de chaux par hectare, les avoines, pour ainsi dire inconnues dans la région, font partie aujourd'hui d'un assolement régulier, alternant avec le seigle, la pomme de terre et le trèfle ; en ce moment, sept hectares d'avoine prolifique de Californie et d'avoine jaune géante à grappes font l'admiration de tous et peuvent lutter avec celles de la Brie et du Lot. La pomme de terre qui, jusqu'alors cultivée à la bêche à rangs serrés, ne donnait que des résultats navrants, quand la maladie le plus souvent ne les rendaient pas absolument nuls, est aujourd'hui cultivée à Sédières à la charrue et donne, même dans de simples défrichements, une récolte vraiment prodigieuse en qualité comme en quantité ; leurs fanes, vigoureuses et touffues, atteignent une hauteur de 0.70 à 0.90 centimètres et un grand nombre de pieds fournissent jusqu'à une quarte de tubercules dont certains pèsent 1 kil. 700 gr.

La Merveille d'Amérique, le Chardon et la Richter-Imperator sont les espèces définitivement adoptées pour la grande culture, tant à cause de leur énorme rendement que pour leur qualité de parfaite conservation ; l'Earley-Rose, également aussi bien acclimatée, est réservée pour la table.

Enfin, les Rutabagas pesant de 7 à 9 kilos, le Choux fourrages du Poitou, le Maïs géant, la Grande Consonde du Caucase, le Topinambour et la Féverolle sont autant de cultures dont la parfaite réussite est désormais certaine à Sédières.

Sauf de bien rares exceptions, le propriétaire qui ne cultive pas lui-même ses terres ne peut dépasser en agriculture un certain degré de développement et de production. Pour les plus riches, la propriété foncière est un luxe des plus coûteux ; pour un grand nombre, elle est une cause de gène et souvent même de ruine, surtout pour celui qui cède à l'entraînement d'un goût naturel ; les plus sages joignent, comme on dit vul-

gairement, les deux bouts, ce sont les plus heureux ! C'est,
qu'en effet, la première condition de travail et de développement, c'est-à-dire la main-d'œuvre, leur fait de plus en plus
défaut. Tel n'est plus le cas d'une Institution agricole qui.
toujours abondamment pourvue de ce côté, trouve encore dans
le renouvellement continu et incessant de ses bras, la raison
de ses efforts, de sa persévérance et par là même les éléments
d'une réussite assurée.

Il suffit, pour s'en convaincre, de visiter quelques établisse-
sements de ce genre, non ceux créés par l'Etat ou de riches
propriétaires et dont la prospérité est par cela même toute
expliquée, mais simplement quelques orphelinats agricoles
dus à la charité publique et placés entre les mains de certaines
corporations religieuses, plus spécialement adonnées aux travaux de la terre.

Ceux-là pour la plupart ont commencé avec des ressources
dérisoires, quelques arpents de terres incultes, une masure
pour habitation et tout un matériel à se procurer.

Dans la Côte-d'Or, par exemple. l'orphelinat de Dômois a
été fondé en 1880 par l'abbé Chanion, qui avait pour tout capital 29 francs. qui constituaient ses économies sur son modeste
traitement de vicaire.

Il s'adjoignit deux jeunes gens dévoués comme lui et recueil-
lit de suite hardiment une vingtaine d'orphelins pensionnaires.
La Providence justifia bientôt sa confiance et ses efforts en lui
envoyant des donateurs. Aujourd'hui Dômois possède 150 hectares de terres, de beaux bâtiments d'habitation et d'exploitation et une chapelle. 150 enfants y sont entretenus et dirigés
par un nombreux personnel et le cheptel se compose de
12 chevaux, 40 bêtes à cornes et 200 moutons !

En Saône-et-Loire. l'orphelinat de Méflier a été fondé en
1854 par l'abbé Béraud et quatre dames charitables et, dès
ses débuts, il se trouva débiteur de 120,000 francs. Le domaine
était couvert de genêts et de bruyères. Après trente ans d'efforts
et de sacrifices, l'établissement est actuellement un des plus
florissants de France et renferme soixante-cinq orphelins.

En Maine-et-Loire, l'abbé Mondain, curé de la Breille, a fondé son orphelinat sans autre appui ni ressources que sa volonté et son dévouement. Après, il est vrai, 14 ans de lutte acharnée contre la persécution de ses adversaires et l'indifférence à peu près générale, il a pu enfin quitter le modeste presbytère qui avait été le berceau de son œuvre et installer un superbe établissement, véritable école d'horticulture occupée par des orphelins nombreux, et rendant aujourd'hui de tels services que l'Etat lui-même les reconnaît par une forte subvention.

En 1872, une demoiselle Rouquié laissait au bureau de bienfaisance de Cahors sa propriété d'Arnis d'environ 70 hectares, à la charge d'y établir un asile pour les orphelins ou enfants pauvres de la région. Les premiers directeurs, mal secondés par des mercenaires, ne purent, malgré leurs plus louables efforts, mener l'œuvre à bien et comprirent sans tarder qu'une œuvre de ce genre devait être confiée à une congrégation religieuse ; c'est alors qu'en octobre 1880 les frères de Saint-Gabriel furent appelés à en prendre la direction.

Le terrain d'Arnis, comme celui de la plupart des coteaux du Lot, est surtout propre à la culture de la vigne ; mais à ce moment le phylloxéra avait entièrement détruit le vignoble qui en occupait la majeure partie et peu à peu la propriété tout entière avait été abandonnée à la pâture des troupeaux. Treize années à peine ont suffi aux frères de Saint-Gabriel pour opérer une véritable transformation. Sous l'habile et active direction de leur directeur, le frère Vincent-de-Paul, le vignoble a été complètement reconstitué et produit aujourd'hui une quantité considérable d'excellent vin qui, jointe à la production du plant raciné et à la création de diverses industries, ont bientôt permis de doubler le logement primitif et de construire une chapelle. Enfin, le nombre des enfants qui en 1880 n'était que de huit dépasse en ce moment la trentaine.

Si de tels prodiges ont été accomplis pour ainsi dire dans le dénuement le plus complet, par un simple effort de persévérence et de volonté, que n'est-on pas en droit d'attendre d'une œuvre qui se trouvera, dès ses débuts, abondamment pourvue de tout le nécessaire ?

Entre les mains dévouées des religieux de l'ordre de Saint-Gabriel et sous l'habile direction du frère Vincent-de-Paul dont il vient d'être parlé ci-dessus et qui veulent bien apporter leur précieuse coopération, le personnel et un assez grand nombre d'enfants trouveront tout d'abord dans les produits actuels de la propriété les ressources suffisantes à leur vie matérielle ; mais, peu à peu. au moyen des terreaux accumulés depuis des siècles sous bois et des éléments considérables de litières qui s'y trouvent chaque année sans avoir jamais pu être encore utilisés, la mise en culture réglée de grandes étendues de terrain encore en friche, la création de pépinières d'arbres verts et même du plant de vigne, offriront à l'activité d'une colonie bien dirigée un champ de travail suffisamment vaste pour lui assurer à bref délai une situation des plus florissantes. En effet, la pomme de terre et le topinambour, cultivés en grand. permettront l'établissement d'une distillerie ou d'une féculerie agricole dont les produits commerciaux couvriront largement les frais d'installation et dont les résidus serviront à l'engraissement des animaux de boucherie ; l'énorme quantité de glands et de *faînes* de hêtre qui se perd chaque année, jointe aux eaux grasses et aux détritus provenant des cuisines de l'établissement, assureront l'élevage et l'engraissement d'une centaine de porcs au minimum.

Enfin, l'agriculture elle-même, savamment exploitée ainsi que l'extension considérable de l'industrie maraîchère, si facile dans la Corrèze, et particulièrement dans les terrains légers de Sédières, produiront des ressources à bref délai qui permettront à l'Institution de recueillir un grand nombre d'enfants et de les élever et instruire gratuitement, objectif principal des fondateurs.

Toutes ces prévisions, après dix années de travaux et d'expériences. étant devenues autant de certitudes, les propriétaires de Sédières ont enfin fait construire en 1892 un vaste édifice pouvant dès à présent contenir, outre le personnel dirigeant, une centaine d'enfants. Mais, en réalité, les plans de ce bâtiment ont été établis en vue d'atteindre un jour le chiffre de deux cents élèves.

Il présente une étendue de 43 mètres de longueur en façade et se compose d'un corps de logis de 23^{m}00 sur 8^{m}00 et de deux pavillons de 10 mètres sur 12 : l'un de ces pavillons est destiné au logement du Frère directeur, aux bureaux, lavabos et diverses chambres. Dans les combles sont des magasins ; l'autre renferme les cuisines, laveries, dépenses soute à charbons, lampisterie, etc. ; au premier se trouve un vaste appartement pour l'aumônier, et enfin les étages supérieurs doivent contenir les infirmeries et la chapelle provisoire.

Le bâtiment central est entièrement consacré aux enfants : le rez-de-chaussée contient un vaste réfectoire dont une partie sera provisoirement appropriée pour les salles d'étude, et les deux étages renferment des dortoirs suffisants pour cent enfants.

Tels sont les conditions d'existence et les éléments de travail qui sont mis dès aujourd'hui à la disposition de la future colonie.

PLAN PAR TERRE DE L'EXPLOITATION

II

FONDATION DE L'ORPHELINAT DE SÉDIÈRES.

A dater de ce jour, les propriétaires de Sédières créent, en faveur du département de la Corrèze, un *Orphelinat* qui prend le *sous-titre d'Institut normal d'ouvriers agricoles* ; ils abandonnent à cet établissement de bienfaisance les produits de leur propriété, et ils mettent à sa disposition tous les locaux, cheptels d'animaux et matériel d'exploitation déjà mentionnés et dont un inventaire notarié sera dressé avant l'inauguration.

En faisant cet abandon considérable, eu égard au chiffre modeste de leur fortune, ils veulent témoigner ainsi de leur ardent désir de se rendre utile à leur département d'adoption, en le dotant durant leur vie et après leur mort, d'une institution, qui, entre toutes, leur semble des plus démocratiques, comme elle leur paraît aussi la mieux appropriée aux besoins de notre époque

Mais, en même temps, ils ne sauraient prétendre, à eux seuls, suffire à toutes les exigences d'une aussi grande entreprise.

En effet, s'ils ont acquis la certitude que les produits de la terre de Sédières pouvait nourrir un grand nombre d'ouvriers ou d'enfants, ils se rendent compte que ces ressources seraient insuffisantes dans les débuts pour couvrir tous les frais de traitement et d'entretien d'un personnel dirigeant, nécessairement nombreux.

Il leur fallait donc rechercher ce complément de ressources, afin d'assurer à l'œuvre la possibilité d'une rapide extension, sans laquelle elle ne saurait avoir d'utilité sérieuse.

La solution ne s'est pas fait attendre et avant même d'avoir ouvert les portes de l'Orphelinat aux enfants que l'on veut instruire et élever gratuitement, on peut déjà compter sur des ressources modestes, il est vrai, mais que l'avenir paraît devoir augmenter. Des amis, des personnes même étrangères à leurs relations intimes, des hommes de bien, enfin, que la nouvelle d'une fondation aussi intéressante avait trouvé dans les meilleures dispositions, se sont empressés d'apporter aux fondateurs leur appui moral et matériel. Si bien que leurs promesses de cotisation annuelle pour une période de six années, permettent d'assurer, dès à présent, le traitement du personnel, très restreint, il est vrai, mais cependant suffisant pour les débuts.

D'autre part, des bienfaiteurs nombreux demandent à confier à l'Orphelinat des enfants qui les intéressent et à en payer l'entretien.

Enfin, il faut ajouter à ces premiers éléments quelques dons généreux qui ont permis d'acheter en draps, linge, literie et ustensiles de ménage, le nécessaire pour 30 enfants.

On est donc, dès maintenant, assuré de recueillir et d'élever gratuitement quelques enfants en sus du nombre de ceux que la terre de Sédières peut nourrir.

Quelqu'importants et encourageants que soient ces premiers résultats, ils seront cependant insuffisants, si l'on considère l'étendue des besoins à satisfaire, de telle sorte qu'il reste encore à la charité privée un vaste champ à cultiver.

Il fallait donc déterminer les formes diverses dans lesquelles seront groupés les efforts communs.

Il s'en est suivi une organisation copiée à peu près sur les œuvres similaires et que l'on doit dès à présent indiquer aux personnes de bonne volonté qui désireront apporter leur précieuse collaboration.

Les bases de cette organisation sont les suivantes :

1° Les fondateurs, 2° les donateurs, 3° les bienfaiteurs de l'enfance, 4° les souscripteurs.

Les Fondateurs sont ceux qui s'engagent à verser, *annuelle-ment*, et au minimum, la somme de *cinquante francs* pendant une première période de six années ; le produit de ces cotisa-tions est plus spécialement affecté à l'entretien et au traite-ment du personnel dirigeant et enseignant. Ce sont enfin ces fondateurs qui nomment le *Comité de surveillance adminis-tratice* de l'Orphelinat.

Les Donateurs sont les personnes qui, appartenant ou non au département de la Corrèze, offriront à l'œuvre une somme d'au moins 300 francs, en espèces ou en nature, une fois donnée.

L'ensemble de ces dons est destiné à former un capital d'a-venir, soit une caisse de réserve subvenant aux frais généraux ou imprévus de l'Orphelinat.

Les Bienfaiteurs de l'enfance sont ceux qui s'intéressant tout particulièrement à un enfant pauvre, désirent le faire éle-ver à l'Orphelinat et en paieront l'entretien annuel.

Les Souscripteurs ordinaires et annuels sont toutes person-nes charitables qui veulent bien verser leur obole, si modeste qu'elle soit, dans l'intention de concourir à l'entretien d'un plus grand nombre d'enfants.

Il existe, enfin, une Société de patronage des orphelins agricoles dont le siège est à Paris et qui a pour but de favori-ser le développement de ces établissements destinés à recueil-lir à la campagne des orphelins pauvres, afin d'en faire de bons chrétiens et d'utiles ouvriers des champs.

L'Orphelinat de Sédières est donc, à l'avance, assuré de de trouver aide et protection de la part de cette bienfaisante et admirable institution.

Les noms des Fondateurs et Donateurs seront inscrits sur des tableaux d'honneur placés dans une des grandes salles de l'établissement, et un bulletin trimestriel publiera, en outre, leur liste ainsi que celle de toutes les personnes qui apporte-ront leur concours à l'œuvre, sous une forme quelconque.

Cette organisation n'est, bien entendu, que provisoire : il existe en effet déjà un projet de création d'une société civile destinée à la compléter et à la remplacer, probablement avant l'expiration de la période des six premières années d'expérience. Et cela afin d'assurer à l'avenir et à la perpétuité de la fondation des garanties plus sérieuses encore et définitives.

III

COMITÉ DE SURVEILLANCE ADMINISTRATIVE.

Ce comité est nommé par les fondateurs et comprend un Président, deux Vice-Présidents, un Secrétaire, un Trésorier et six Membres dont, de droit, le Frère directeur de l'établissement.

Le Comité a la haute main sur toutes les affaires intéressant la colonie, ainsi que la gestion de tous les fonds lui appartenant, c'est-à-dire ceux provenant des cotisations ou parts de fondateurs, des donations, des souscriptions et de la vente des produits de l'exploitation.

Le Comité se réunit au moins une fois chaque trimestre pour arrêter les comptes présentés par le Directeur de l'Orphelinat ; il vérifie l'état du matériel d'exploitation et d'intérieur : literie, lingerie, magasins, cuisines, étables, forge, etc., etc. ; il s'assure, en un mot, du bon état d'entretien de toutes choses. Tous besoins ou projets d'achats de matériel, d'animaux et d'engrais, tout projet de constructions nouvelles doivent lui être soumis et ne peuvent être exécutés sans son autorisation donnée sous forme d'un bon à livrer revêtu de la signature du Président ou Vice-Président, du Trésorier et de deux Membres du Comité.

C'est le Comité qui décide de l'admission et de la sortie des enfants ; il s'occupe, de concert avec le Directeur, de leur placement chez les particuliers, établit et signe les brevets d'aptitude et certificats de bonne conduite : c'est lui, aussi, qui prononce sur les cas d'expulsion.

Toutefois, lorsque des circonstances graves l'exigent, le

Directeur peut procéder de sa propre autorité à ces renvois, mais doit en aviser dans les quarante-huit heures le Président du Comité avec les motifs à l'appui.

Chaque année au mois de décembre, le Comité établit un rapport détaillé donnant la situation exacte de la colonie. Ce rapport est inséré dans le Bulletin du 1er janvier suivant.

IV

PERSONNEL DE DIRECTION, D'ENSEIGNEMENT, DE SURVEILLANCE ET DU SERVICE D'EXPLOITATION.

La direction de l'Orphelinat, l'enseignement, la surveillance et la conduite des travaux sont confiés à l'Ordre des Frères de Saint-Gabriel, dont la maison-mère est établie à Saint-Laurent-sur-Sèvre, en Vendée.

Cet ordre religieux ne peut actuellement disposer que d'un très petit nombre de ses membres, mais cependant suffisant aux exigences du service de l'Orphelinat pendant les premières années.

Le personnel sera, par suite, ainsi composé, au début :

Un Frère directeur (le cher Frère Vincent-de-Paul, actuellement encore directeur de l'orphelinat agricole d'Arnis du Lot).

Un Frère instituteur breveté.

Un ou deux autres Frères surveillants et conducteurs des travaux.

Jusqu'à ce que les premiers enfants recueillis aient atteint l'âge et le degré de force voulus pour prendre part utilement aux travaux de l'exploitation, le personnel de service nécessaire sera complété soit au moyen de jeunes gens de 14 ou 16 ans confiés par d'autres orphelinats, soit par des journaliers ou domestiques laïques.

Enfin, un prêtre-aumônier désigné par Mgr l'Évêque de Tulle sera chargé spécialement des services religieux de l'établissement.

"

V

RÈGLEMENTS PRINCIPAUX.

Le cadre nécessairement restreint de cette brochure ne permet pas de présenter dès aujourd'hui au complet et dans tous leurs détails les nombreux règlements que comporte une institution aussi importante que celle dont il s'agit. Certains de ces règlements d'ailleurs ne pourront être définitivement arrêtés que par les soins du Comité de surveillance administrative et du Directeur de l'établissement. Il est néanmoins indispensable d'exposer dès maintenant ceux de ces règlements qui, concernant spécialement les principaux rouages de l'œuvre, confirment en quelque sorte l'esprit purement philanthropique dans lequel cette œuvre a été conçue.

Recrutement et conditions d'admission des enfants. — L'établissement agricole de Sédières est en principe entièrement consacré à l'éducation des orphelins de père ou de mère, des enfants trouvés ou moralement abandonnés, de ceux enfin de familles pauvres, tous appartenant, autant que possible et de préférence, au département de la Corrèze.

La volonté formelle des fondateurs est d'arriver le plus tôt possible à rendre entièrement gratuits l'entretien, la nourriture et l'instruction des enfants, mais on comprendra sans peine qu'un système de libéralité aussi large ne pourra être adopté qu'à partir du jour où la colonie aura obtenu par son travail un degré de prospérité qui lui permette de se suffire à elle-même.

En conséquence et jusqu'à nouvel ordre, un tiers seulement de la totalité des enfants recueillis sera entretenu et instruit gratuitement ; les deux autres tiers seront admis moyennant une pension annuelle de deux cents francs. Toutefois, en vue de venir en aide à l'Assistance publique départementale dont les charges sont extrêmement lourdes, il ne sera exigé pour les enfants qu'elle voudrait confier à l'Orphelinat que l'allocation annuelle qu'elle accorde à ceux qu'elle place à la campagne chez les cultivteurs.

Les enfants sont admis à partir de l'âge de sept ans jusqu'à celui de onze ans inclusivement. Leur pension est exigée chaque année jusqu'à ce qu'ils aient l'âge de quatorze ans; à partir de ce moment, ils sont élevés et entretenus gratuitement et reçoivent une paye annuelle proportionnée aux services qu'ils rendent à la communauté. Ce salaire sert à constituer pour chacun d'eux un livret de caisse d'épargne, lequel cependant ne leur sera remis à leur sortie qu'autant qu'ils seront restés à l'établissement jusqu'à l'âge de 18 ans, leur trousseau est alors complété

Les enfants peuvent être gardés jusqu'à l'époque où ils sont appelés à faire leur service militaire.

Au moment de leur sortie, ils subissent un examen professionnel et, selon leurs aptitudes, ils reçoivent un diplôme de chef de culture, de premier valet de ferme ou de jardinier. Le Comité de surveillance et le Directeur les placent alors en ces qualités chez les propriétaires ou cultivateurs et les suivent dans la vie aussi longtemps que possible, remplaçant ainsi leur tuteur naturel.

En outre de l'instruction primaire donnée aux enfants par l'instituteur breveté de l'Orphelinat, il sera fait un cours d'agriculture théorique et pratique pour ceux qui commenceront à prendre part aux travaux des champs.

Toutes les demandes d'admission devront être adressées au Comité de surveillance administrative qui, avant d'y souscrire, devra s'assurer que le sujet remplit les conditions d'âge, de situation et de moralité requises. L'institution agricole de Sédières est en effet une maison paternelle d'éducation et d'instruction et ne saurait être ni pouvoir devenir jamais une colonie pénitentiaire !

VI

LISTE ALPHABÉTIQUE DES FONDATEURS

Nombre
de parts souscrites.

Mgr Denéchau, évêque de Tulle...................

A.

Albier, propriétaire, quai Baluze, à Tulle.........   1

B.

De Bargues, château de Saint-Victour, par Neuvic .   1
Bon de Bélinay, château de Marèges, par Neuvic   1
Bon de Blomac, château de la Grainerie, par Salon-la-
Tour......................................   2
Brisset, notaire à Tulle.   1
De Braquilanges (Charles), château du Bech, par
Corrèze   1

C.

A. du Champ, château du Verdier, par Sainte-Fortu-
nade.............................   1

N

O

P

Q

R

S.

T

U

V

X

Y

Z

(A suivre).

LISTE DES DONATEURS.

	Dons.
M et Mme Valette, à Chamboulive (Corrèze)...	1,000 f »
M. et Mme Desjobert, château de La Morguie. Tulle..............................	
M. E. Crauffon, directeur du *Corrézien* et Mme Crauffon, Tulle.....................	
Un Anonyme, Paris.......................	600 »
M. Tuckermann, de Newport (Etats-Unis d'Amérique)...............................	1,000 »
M. et Mme Curt's, de Boston (Etats-Unis d'Amérique)...	500 »

LISTE DES SOUSCRIPTEURS

Une anonyme, Tulle	100ᶠ	»
Mᵐᵉ de Froidefont des Forges, Paris	50	»
Mˡˡᵉ de Chanal, Sédières	5	»
Anonyme	5	»
Anonyme	5	»
Anonyme	5	»
Anonyme	5	»
Anonyme	10	»
Anonyme	5	»
Anonyme	10	»
Anonyme	5	»
Anonyme	5	»
Anonyme	20	»

CONCLUSION

En terminant cet exposé dont le lecteur voudra bien excuser les nombreuses lacunes et imperfections, nous exprimons ici notre profonde reconnaissance à tous les amis et à toutes les personnes qui, de loin comme de près, sans attendre d'être mieux informées de nos intentions, nous ont apporté spontanément et généreusement leur précieux concours. Privés de leur appui nos efforts eussent sans doute été stériles ; tandis que, soutenus par de tels dévouements, nous pouvons dès maintenant envisager l'avenir de notre entreprise avec la plus entière confiance.

Commencée sous de tels auspices, l'œuvre pour les orphelins et les deshérités de la Corrèze verra certainement bientôt se grouper autour d'elle de plus nombreuses sympathies encore, car elle est tout à la fois une œuvre de charité et de patriotisme ; deux sentiments que nous sommes certains à l'avance de toujours trouver en éveil dans le cœur de tous nos concitoyens !

Sédières, 10 septembre 1892.

Baron de NEUKIRCHEN DE NYVENHEIM.
Chef d'escadron de cavalerie retraité.

Béatrice DE CHANAL, Baronne de NEUKIRCHEN DE NYVENHEIM.

TABLE DES MATIÈRES

AVIS IMPORTANT

Les personnes qui désireraient participer à l'œuvre de l'Orphelinat sous une forme quelconque ou qui voudraient avoir
de plus amples renseignements, sont priées de vouloir bien
s'adresser à M. Desjobert, quai de Valon à Tulle, qui veut bien
remplir les fonctions de Secrétaire-Trésorier, en attendant la
formation du Comité.

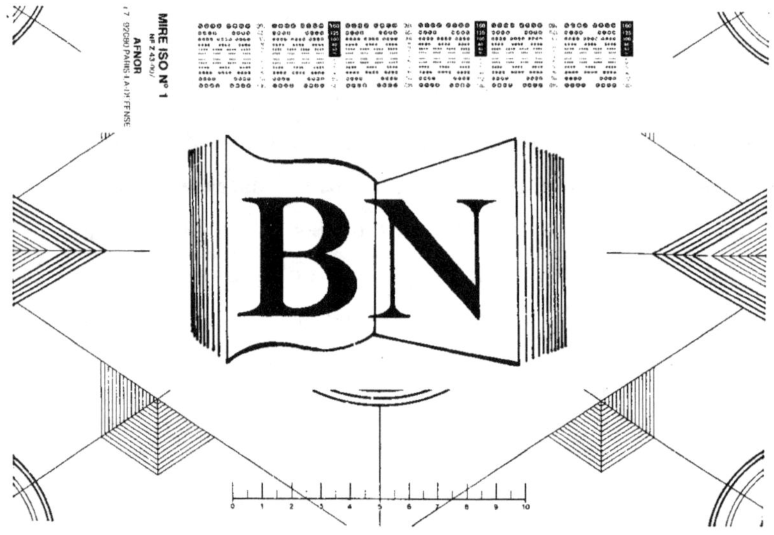

MIRE ISO N° 1
NF Z 43-70
AFNOR
92080 PARIS LA DÉFENSE
BN